J. M. CAYLA

Avocat à la Cour d'Appel de Paris
Juge de Paix Suppléant

Le
Nouvel Impôt sur le Revenu

ET

L'Impôt sur les Exemptés, Réformés, Retraités, Auxiliaires & autres

SUCCESSIONS

Guide Pratique
ET COMMENTAIRES DE LA LOI
du 30 Décembre 1916
du 22 Février 1917
et du 31 Mars 1917

PRIX : **1** fr. 50

PARIS
ALBIN MICHEL, ÉDITEUR
22, rue Huyghens, 22

LE NOUVEL IMPOT SUR LE REVENU

ET

L'Impôt sur les Exemptés, Réformés,
Retraités Auxiliaires et Autres

SUCCESSIONS

J. M. CAYLA

Avocat à la Cour d'Appel de Paris
Juge de Paix Suppléant

Le Nouvel Impôt sur le Revenu

ET

L'Impôt sur les Exemptés, Réformés, Retraités, Auxiliaires & autres

SUCCESSIONS

Guide Pratique

ET COMMENTAIRES DE LA LOI
du 30 Décembre 1916
du 22 Février 1917
et du 31 Mars 1917

PARIS
ALBIN MICHEL, ÉDITEUR
22, rue Huyghens, 22

PRÉFACE

Nous n'avons pas voulu faire de cet ouvrage une œuvre aride de dissertation juridique sur les différentes lois et décrets relatifs à l'impôt sur le revenu. Il nous a semblé superflu d'augmenter le nombre déjà grand des traités théoriques parus depuis 1914 sur la question.

Notre but infiniment plus modeste a été d'en faire un guide pratique et simple, aussi clair que possible, pour mettre à la portée de tous les préceptes d'un impôt qui touche non seulement le produit DE LA FORTUNE *mais* DU TRAVAIL.

Nous avons voulu permettre au contribuable soucieux de ses intérêts et de ses obligations de se conformer à la loi et d'éviter ainsi des complications et pénalités, en lui donnant toutes indications utiles et nécessaires à ces fins.

Nous avons voulu attirer l'attention de tous sur les nouvelles et importantes modifications apportées à l'impôt sur le revenu.

Sous le régime de la loi primitive, le contribuable avait pu facilement démêler de l'ensemble de ses dispositions que « la consigne était de dor-

mir » et qu'il n'avait en somme qu'à opposer au fisc la force d'inertie pour, dans la plupart des cas, éviter l'imposition et se mettre ainsi hors la loi.

La loi du 30 décembre 1916 a brusquement et sans bruit, bouleversé, modifié considérablement les dispositions premières ; présentement, l'intérêt du contribuable n'est plus de jouer un rôle passif : au contraire ; ce dernier est maintenant dans l'obligation de faire une déclaration de ses revenus, et ce, sous peine de sanction.

Il est tenu de donner des renseignements au fisc, d'établir le détail de ses revenus, etc... Il a donc intérêt à connaître rapidement et simplement les obligations que la loi nouvelle lui impose, les moyens mis à sa disposition pour s'y conformer.

Mais il a intérêt également à connaître les voies de recours qu'il peut avoir et employer pour se défendre contre les agissements de l'Administration et, en cas de difficulté ou de contestation, pour faire valoir ses droits et se faire rendre justice.

Tel a été notre but ; nous espérons qu'il sera atteint et que le lecteur y trouvera pleine satisfaction.

J. M. C.

PREMIÈRE PARTIE

De l'Impôt sur le Revenu

AVANT-PROPOS

Nous ne saurions assez insister, dès le début, sur la signification du mot « *revenu* ».

Le législateur l'a compris dans un sens très général ; pour lui, le revenu est le produit, la rémunération d'une opération, d'un acte ; ce n'est donc pas seulement le « produit de la *fortune* », mais aussi le « produit du *travail* » ; ce serait une grave erreur de prendre ce terme dans un sens restrictif.

L'impôt sur le revenu ne touche donc pas seulement le propriétaire, le rentier, il touche également le travailleur. Néanmoins, il faut reconnaître qu'il a été interprêté généralement et à tort dans le sens qu'on lui donne vulgairement :

« L'impôt sur le revenu, a-t-on dit et dit-on
« encore, c'est l'impôt sur la fortune ; l'impôt sur
« les propriétaires, les rentiers ; l'impôt sur les
« riches ! »

Voilà pourquoi la loi du 15 juillet 1914 relative à l'impôt sur le revenu, votée après de longues et vives discussions, n'avait laissé dans l'esprit d'un très grand nombre de personnes qu'une faible impression.

Au surplus, le montant relativement élevé du revenu imposable et les diverses modalités de la loi, ne laissant à l'Administration que des pouvoirs anodins et même illusoires de contrôle sur les déclarations des intéressés, vouaient cette loi à des effets de peu d'importance.

La guerre, survenue quelques jours après le vote de la loi, en avait retardé l'application et nul n'y songeait même, lorsque la loi de finances du 29 décembre 1915 en décida brusquement l'application à partir de l'année 1916.

Peu après, le 15 janvier 1916, un décret portant règlement d'administration publique fixait l'exécution des dispositions édictées par la loi du 15 juillet 1914.

Les résultats de son application, ou plutôt de cet essai d'application, furent sans doute peu intéressants.

La loi ne visait et ne touchait en effet qu'une catégorie relativement restreinte de contribuables, celle dont les revenus dépassaient la somme de 5.000 francs.

D'autre part, le contribuable visé n'était pas tenu de faire de déclaration relative au quantum de ses revenus, non plus d'en donner le détail. L'Administration n'avait donc, pour orienter ses recherches et effectuer ses opérations de contrôle, aucune indication sérieuse. Elle ne pouvait s'appuyer sur aucune production de pièces ou de textes faite par les intéressés.

En outre, aucune sanction ou pénalité n'était prévue quant à l'absence de déclaration et en cas de déclaration insuffisante. Il ressortait ainsi avec évidence que cette loi ne serait en quelque sorte qu'une sorte de filet, dont les mailles trop larges pourraient laisser passer un grand nombre de contribuables désireux d'échapper aux investigations du fisc et au paiement du nouvel impôt.

Il était donc à prévoir qu'à bref délai une loi nouvelle, profitant de l'expérience faite, viendrait modifier profondément la loi du 15 juillet 1914 et le décret du 15 janvier 1916.

En effet, le *Journal Officiel*, dans son numéro du 31 décembre 1916, publiant une loi de finances datant de la veille, loi portant « ouverture sur « l'exercice 1917 des crédits provisoires applicables « au premier trimestre de 1917 et autorisation de « percevoir pendant la même période les impôts « et revenus publics », mentionnait à l'article 5 de son titre 1er § 2 et édictait en une forme succinte, une série de dispositions nouvelles des plus importantes, relatives à l'impôt sur le revenu.

Il semble que l'article 5 soit passé inaperçu de la plupart des contribuables. Il le doit beaucoup à son insertion discrète et rapide au milieu d'une loi de finances où il ne faisait l'objet que d'un modeste et court article. Il le doit également au manque de publicité qui lui fut fait.

A-t-on pensé qu'il n'était pas désirable d'attirer l'attention du contribuable sur un impôt qui, ainsi modifié, allait le toucher plus généralement puisqu'il portait sur une catégorie bien plus considérable de citoyens aux revenus supérieurs à 3.000 francs, alors que primitivement ledit impôt ne portait que sur ceux dont le revenu dépassait 5.000 francs ?

A-t-on pensé également qu'il était préférable de ne pas insister à propos de l'augmentation et l'élévation rapide de l'impôt sur le revenu après une année d'existence ?

Ce qui est certain, c'est que le contribuable n'a point dû marquer jusqu'ici un grand empressement à faire la déclaration de son revenu. Nous n'en voulons comme indice que les prorogations successives, apportées par plusieurs lois, du délai imparti pour faire la déclaration et tout dernièrement la loi du 31 mars 1917, après celle du 23 février 1917, prolongeait ledit délai pour 1917 jusqu'au 31 mai de ladite année.

Néanmoins et malgré l'aggravation apportée par la loi du 30 décembre 1916 à celle du 15 juillet 1914 relative à l'impôt sur le revenu, il faut reconnaître que l'ensemble des nouvelles modifications apportées par le législateur a permis de rendre la loi véritablement applicable. Une série de mesures permettent maintenant à l'Administration d'éviter les fraudes, de prendre des garanties et facilitent la tâche du contrôleur des Contributions directes chargé de son application, tout en laissant au contribuable en désaccord avec elle, la faculté de s'adresser à la justice chaque fois qu'il le jugera utile.

I

PERSONNES ASSUJETTIES

L'article 6 de la loi primitive n'a pas été modifié. Donc, toute personne ayant en France sa résidence habituelle doit payer l'impôt à partir de l'année 1916.

L'expression « toute personne » est à retenir. Son sens très général indique que tout individu, sans distinction de nationalité, de sexe, d'âge, qu'il soit Français ou étranger, homme, femme ou enfant, domicilié en France ou à l'étranger, est passible de l'impôt.

Qu'entend-on par résidence habituelle ? Pour éviter toute difficulté, la loi indique que toute personne ayant en France à sa disposition une habitation à titre de propriétaire, d'usufruitière ou de locataire, et dans ce dernier cas pour une période continue d'une année, est considérée comme ayant une « résidence habituelle ».

L'article 2 s'est occupé des personnes non domiciliées en France, mais y possédant une ou plusieurs résidences. Elles sont assujetties à l'impôt et cet impôt est établi au lieu de la résidence la plus importante.

II .

PERSONNES NON ASSUJETTIES

Sont affranchies de l'impôt, d'après l'article 9 modifié par la nouvelle loi :

1° Les personnes dont le revenu imposable n'excède pas la somme de 3.000 francs (majorée, s'il y a lieu, conformément aux dispositions de l'article 12 que nous étudierons ci-après). C'est la modification la plus importante apportée ; l'ancien article 9 ne rendait passible de l'impôt que les personnes ayant un revenu supérieur à 5.000 francs ;

2° Les ambassadeurs et autres agents diplomatiques étrangers ; consuls, agents consulaires, etc., mais sous la double condition qu'ils soient de nationalité étrangère et seulement dans la mesure où les pays qu'ils représentent concèdent des avantages analogues aux agents diplomatiques et consulaires français.

On peut en déduire, dans ces conditions, que les agents diplomatiques et consulaires sont assujettis à l'impôt s'ils sont de nationalité française ;

3° Les sociétés et collectivités. Dans le silence de la loi relatif aux personnes morales, aux collectivités diverses, tels que : établissements publics, établissements d'utilité publique, associations, sociétés, etc..., on doit conclure que celles-ci ne sont point assujetties à l'impôt. Elles n'auront donc pas à faire de déclaration y relative.

Remarque importante. — Un grand nombre de contribuables mobilisés et passibles de l'impôt sur le revenu ne se sont pas inquiétés de la loi ; ils ont considéré que leur présence au front et dans les tranchées les affranchissait de l'impôt tout au moins pendant la durée des hostilités. Il n'en est rien. Dans le silence de la loi, il faut conclure des deux chapitres qui précèdent, si inattendu que cela puisse paraître, que :

1° Les mobilisés sont passibles de l'impôt sur le revenu au même titre que les autres contribuables ;

2° Qu'ils doivent même payer l'impôt sur le revenu *pour 1916* et les années suivantes.

Le législateur les fait simplement bénéficier de l'application du décret du 17 juin 1917 que nous étudierons plus haut, décret qui leur accorde, pour faire leur déclaration, un délai supplémentaire dont l'expiration est fixée à trois mois après la cessation des hostilités.

LIEU DE L'ÉTABLISSEMENT DE L'IMPÔT

Les articles 7 et 11 de l'ancienne loi toujours en vigueur, y répondent brièvement.

En cas de résidence unique, l'impôt est établi au lieu de cette résidence. En cas de plusieurs résidences, il est payable au lieu où le contribuable possède ou est réputé posséder son principal établissement.

CONTRIBUABLES IMPOSABLES

C'est le chef de famille qui est imposable, dit l'article 8.

Il est imposable :

1° En raison de ses revenus personnels;

2° De ceux de sa femme ;

3° De ceux des autres membres de sa famille habitant avec lui.

Néanmoins, si le chef de famille est mobilisé, il se trouve dans l'un des cas prévus par le décret du 17 janvier 1917 que nous étudierons plus haut.

Il n'aura pas à faire momentanément de déclaration de son revenu, quel que soit le nombre de personnes à sa charge, et il bénéficiera du délai supplémentaire accordé par ledit décret, délai qui expirera trois mois après la cessation des hostilités.

Exceptions. — Le contribuable pourra réclamer :

1° Lorsque sa femme, séparée de biens, ne vivra pas avec lui. A plus forte raison quand elle sera divorcée, le divorce entraînant la séparation de biens. Dans ces cas, une imposition distincte sera établie pour la femme qui devra le payer personnellement. La loi n'envisage aucune disposition dans le cas où la femme sera séparée de fait d'avec son mari ou disparue. Il semble que, dans ce cas, il n'en sera pas tenu compte dans l'établissement de l'impôt ;

2° Une disposition identique a été prévue pour le cas où les enfants et autres membres de la famille tirent leurs revenus de leur propre travail ou ont une fortune indépendante de celle du chef de famille. Ce dernier pourra demander qu'ils soient personnellement imposés. Mais il ne pourra pas le faire vis-à-vis de sa femme, dit formellement la loi.

V

REVENU IMPOSABLE

Toute personne est taxée sur la portion de son revenu qui dépasse la somme de 3.000 francs. L'article 14 de l'ancienne loi taxait le contribuable sur la portion de son revenu dépassant 5.000 fr. Elle a donc été modifiée par la loi de décembre 1916 et dans la même proportion qu'à l'article 9.

Le revenu imposable veut dire, d'après l'article 10, le revenu net annuel dont dispose chaque contribuable.

Qu'entend la loi par revenu net ?

Il est déterminé par le produit total des différentes sources de revenu, gain et profit dont dispose le contribuable. Il est tenu compte des propriétés et capitaux qu'il possède, des professions qu'il exerce, des traitements, salaires, pensions, rentes viagères, dont il jouit et qu'il reçoit et en général des bénéfices de toutes occupations lucratives auxquelles il se livre.

Du montant de ces divers revenus sont déduits :

D'une part, les frais et dépenses qui grèvent spécialement chacun d'eux.

D'autre part, les charges affectant l'ensemble des revenus et que l'article 10 énumère, ainsi qu'il suit :

1° Intérêt des emprunts et dettes à sa charge ;

2

2° **Arrérages** de rentes payés par lui à **titre** obligatoire ;

3° De tous les impôts directs et taxes assimilées acquittés par lui ;

4° Pertes résultant d'un déficit d'exploitation dans une entreprise agricole, commerciale ou industrielle.

Chaque année, le contribuable doit faire un état relatif à l'établissement de son revenu net pour l'année précédente. Pour 1917, par exemple, l'impôt porte sur les revenus réellement acquis au cours de 1916. Ainsi donc, si au cours de l'année le contribuable a vu diminuer ses revenus pour une cause quelconque, notamment par suite de la guerre, il en tiendra compte dans sa déclaration de fin d'année. Si, au contraire, ses revenus ont augmenté, sa déclaration devra mentionner cette augmentation.

Si l'on se reporte au formulaire donné par les mairies et qui sont remis aux contribuables sur leur demande, on voit que le revenu net est déterminé par l'excédent du produit brut des revenus sur les dépenses. Dans le produit brut seront compris :

1° Les revenus des propriétés foncières bâties ;

2° Les revenus des propriétés foncières non bâties ;

3° Les revenus des valeurs et capitaux mobiliers ;

4° Les bénéfices de l'exploitation agricole ;

5° Les bénéfices du commerce, de l'industrie,

de l'exploitation minière, des charges, offices ministériels et autres ;

6° Les revenus des professions libérales ;

7° Les revenus des emplois publics et privés (salaires et traitements) ;

8° Les revenus de tous capitaux et de toutes occupations lucratives autres que celles indiquées plus haut ;

9° Les retraites, pensions et rentes viagères.

Du montant de ces divers revenus, il faudra déduire le montant des charges et dépenses :

1° Les intérêts des dettes ou arrérages des rentes ;

2° Les impôts et taxes, pertes résultant d'un déficit d'exploitation ;

3° Les frais de gestion, d'assurances, d'entretien, pour les propriétés ;

4° Les frais d'amortissement du capital ;

5° Les impôts, frais de garde et en général tous les frais payés aux banques et autres établissements de crédit, pour les valeurs mobilières ;

6° Tous les frais généraux, pour les exploitations agricoles, commerciales, industrielles, libérales et autres.

En général, il faudra déduire les frais de toute nature, occasionnés spécialement par l'exercice de l'exploitation, de la profession et notamment le loyer, les fermages, l'intérêt des capitaux prêtés, les traitements, salaires et rémunération des ouvriers et employés, le coût des matières premières, les frais relatifs aux opérations et à l'entretien afférents aux propriétés.

VI

EXONÉRATION

Nous nous bornerons à répéter, pour mémoire, les exonérations prévues par l'article 9 et relatives au revenu inférieur à 3.000 francs, aux ambassadeurs et agents diplomatiques et consulaires et aux sociétés et collectivités diverses.

L'article 12 vise deux sortes d'exonération. Il autorise le contribuable à déduire du revenu total :

1° Une somme de 2.000 francs s'il est marié ;

2° Une somme de 1.000 francs par personne à sa charge.

La loi comprend dans cette deuxième catégorie : les ascendants, père, grands-parents âgés de plus de soixante-dix ans ou infirmes, les descendants, enfants âgés de moins de vingt et un ans ou infirmes.

Elle comprend également les enfants recueillis.

En outre, si le nombre des personnes à la charge des contribuables dépasse cinq, ce dernier bénéficiera d'une déduction non plus de 1.000 fr., mais de 1.500 francs par personne.

Un exemple est nécessaire pour faire comprendre toute l'importance de ces exonérations.

Supposons un contribuable ayant un revenu de 5.000 francs et marié. Si l'on déduit de ce revenu l'exonération spéciale de 2.000 francs, et les 3.000 francs non imposables, il s'ensuit que ce contribuable ne sera pas imposable. Si ce contribuable a un revenu de 10.000 francs et s'il a par exemple trois personnes à sa charge, il ne sera imposable que pour une somme de 2.000 francs, déduction étant faite de 2.000 francs, puisqu'il est marié, de 3.000 francs pour les trois personnes à sa charge et des 3.000 francs de l'article 9 non imposables.

VII

Le taux de l'impôt est porté à 10 % au lieu de 2 %, auquel il avait été primitivement fixé.

Après avoir obtenu le revenu net et l'avoir préalablement diminué des exonérations prévues à à notre chapitre VI, il reste à calculer le taux de l'impôt pris sur la masse du revenu imposable. L'article 15 ancien a été modifié dans d'assez fortes proportions par la loi du 30 décembre 1916. L'impôt est calculé dans les proportions.

Pour le revenu imposable compris dans la :

1re tranche entre 3.000 et 8.000 francs l'impôt est calculé sur 1/10e ;

2e tranche entre 8.000 et 12.000 francs l'impôt est calculé sur 2/10e ;

3e tranche entre 12.000 et 16.000 francs l'impôt est calculé sur 3/10e ;

4e tranche entre 16.000 et 20.000 francs l'impôt est calculé sur 4/10° ;

5e tranche entre 20.000 et 40.000 francs l'impôt est calculé sur 5/10e ;

6e tranche entre 40.000 et 60.000 francs l'impôt est calculé sur 6/10e ;

7e tranche entre 60.000 et 80.000 francs l'impôt est calculé sur 7/10e ;

8e tranche entre 80.000 et 100.000 francs l'impôt est calculé sur 8/10e ;

9e tranche entre 100.000 et 150.000 francs l'impôt est calculé sur 9/10e ;

10ᵉ tranche et pour le surplus l'impôt sera calculé sur l'intégralité.

Le taux de l'impôt de 10 % sera alors appliqué au chiffre ainsi obtenu.

Réduction. — Mais la loi prévoit en outre une autre réduction à laquelle a droit chaque contribuable sur l'impôt ainsi calculé. Cette réduction est fixée en raison du nombre de personnes à la charge du contribuable, soit :

Pour une personne.............. 5 %
Pour deux personnes............. 10 %
Pour trois personnes............ 20 %
Pour quatre personnes........... 30 %

et ainsi de suite, chaque personne en sus donnant droit à une nouvelle réduction de 10 %, sans que l'ensemble de ces réductions puissent dépasser au total la moitié de l'impot.

Prenons un exemple : supposons un contribuable marié et ayant trois personnes à sa charge. A la suite des calculs et déductions faits conformément à celles prévues en notre chapitre VI relatif aux exonérations, son revenu imposable atteint 5.000 francs. L'impôt sera calculé sur 1/10ᵉ, puisque cette somme est comprise dans la première tranche (3.000 à 8.000), soit 500 francs. L'impôt devra donc être payé sur cette somme et le taux de l'impôt étant de 10 %, on obtiendra ainsi la somme de 50 francs.

En déduisant 20 % du fait des trois personnes à sa charge, on obtiendra finalement le montant de l'impôt sur le revenu, soit 40 francs.

VIII

DÉCLARATION OBLIGATOIRE

Alors que la loi du 15 juillet 1914 n'obligeait pas le contribuable à faire la déclaration du chiffre de son revenu ou de faire une déclaration contenant le détail de ses revenus par catégorie, la loi du 31 décembre 1916 modifiant l'article 16 stipule au contraire que le contribuable passible de l'impôt *est tenu* de souscrire non seulement une déclaration de son revenu, mais encore d'indiquer dans ladite, par nature de revenus, les éléments qui le composent. Le contribuable fournit également dans sa déclaration toutes les indications nécessaires au sujet des charges de famille.

Pour que le contribuable ait droit aux déductions prévues plus haut, il devra indiquer dans ladite déclaration le chiffre et la nature des emprunts et dettes à sa charge, arrérages de rentes payées par lui, impôts et pertes résultant d'un déficit d'exploitation dans une entreprise agricole, commerciale ou industrielle dont il aura déduit le montant de son revenu global.

Les mairies doivent d'ailleurs fournir des formules à ce destinées aux intéressés qui en feront la demande. Elles sont établies suivant les prescriptions du décret du 15 janvier 1916. Elles présentent un certain nombre de tableaux et donnent les explications nécessaires pour guider le contribuable. Les déclarations doivent être signées par lui, remises ou adressées par poste au contrôleur des Contributions directes qui leur en délivre un récépissé.

Le contribuable a intérêt à réitérer chaque année sa déclaration ; ses revenus peuvent en effet se modifier et diminuer notamment. S'il ne renouvelle pas sa déclaration, il sera considéré comme ayant maintenu sa déclaration précédente. Il sera prudent, en vue de contestations possibles, de garder toujours un double de la déclaration.

Le contribuable n'ayant pas un revenu imposable est-il tenu de faire une déclaration ? Non. Mais comme sous le régime de la loi nouvelle, l'Administration, en l'espèce le contrôleur des Contributions directes, se livre à un contrôle des déclarations ; il peut arriver que ce dernier se trouve en désaccord avec le contribuable et prétende que celui-ci a un revenu supérieur à 3.000 fr., qu'il est imposable et qu'il devait faire une déclaration correspondante. Dans ce cas, si le contribuable a fait une déclaration négative, elle aura pour avantage de lui permettre la déduction de ses dettes et charges et de se trouver dans la situation de défendeur au procès que pourra lui intenter l'Administration ; celle-ci aura alors à sa charge le fardeau de la preuve et l'avance des frais de procédure qui incomberont même à l'Etat si le montant du revenu établi par la juridiction compétente n'est pas supérieur de plus de 1/10e au chiffre qu'aura indiqué le contribuable.

Nous pouvons donc conclure en conseillant fortement à tout contribuable de faire la déclaration de son revenu si minime soit-il, même non imposable. Dans ce dernier cas, le contribuable fera une déclaration négative.

IX

DÉLAI

Le contribuable doit faire sa déclaration dans les trois premiers mois de chaque année. Il est à remarquer que l'article 16 qui vise le délai a été modifié par la loi nouvelle du 30 décembre 1916 qui le fixait à deux mois purement et simplement et par la loi du 23 février 1917 qui reporte définitivement le délai à trois mois. L'article primitif prévoyait un délai supplémentaire d'un mois ; mais pour en user et y avoir droit, le contribuable devait indiquer la répartition de sēs revenus et ressources. Néanmoins, pour l'année 1916, comme il a été dit plus haut, le délai de deux mois a été prorogé et tout dernièrement la loi du 31 mars 1917 en fixait le dernier terme au *31 mai 1917*.

Il est intéressant d'attirer l'attention sur un décret important et signé en date du 17 janvier 1917 et accordant un autre délai supplémentaire. Ledit décret s'est occupé de la situation des contribuables mobilisés et de ceux qui se trouveraient, par suite d'un cas de force majeure, empêchés de faire leur déclaration dans le délai légal.

Dans ce cas, le délai supplémentaire prendra

fin au plus tard trois mois après la cessation des hostilités.

Le contribuable mobilisé dans la zone des armées ou se trouvant en pays envahi, ou encore dans la zone des opérations militaires, est considéré comme étant dans le cas de force majeure, à moins que l'Administration ait la possibilité de l'informer qu'il ait à faire sa déclaration.

Si le cas de force majeure ne peut être valablement invoqué ou s'il a cessé d'exister, le directeur des Contributions directes notifiera au contribuable intéressé, par lettre recommandée avec avis de réception, qu'il doit faire sa déclaration. Ce dernier aura, à partir du jour de la réception, un délai de deux mois pour faire sa déclaration.

Quelle ligne de conduite doit adopter le contribuable mobilisé dans la zone de l'intérieur ? Il est hors de doute qu'il ne se trouve pas dans le cas de force majeure prévu au décret ; il doit donc faire sa déclaration. Mais, dans ce cas, il bénéficiera du délai supplémentaire accordé par le décret du 17 janvier 1917 ; ainsi, cette déclaration pourra être retardée jusqu'à trois mois après la cessation des hostilités.

Si le contribuable se croit en cas de force majeure, il a la possibilité de suspendre le délai de la déclaration. Il faudra que, quinze jours avant l'expiration du délai légal, c'est-à-dire pour 1916, avant le 15 mai 1917, il demande des délais supplémentaires en écrivant au directeur des Contributions directes une lettre dans laquelle il précisera la nature de son empêchement.

Si le directeur juge l'empêchement invoqué insuffisant, il préviendra alors le contribuable par lettre recommandée avec avis de réception, l'informant qu'il doit faire sa déclaration ; celle-ci devra être faite dans les quinze jours qui suivront la réception de l'avis.

Si l'empêchement ou cas de force majeure qui a motivé la prolongation **des délais** cesse d'exister, le directeur, dès qu'il en aura fait la constatation, préviendra le contribuable intéressé par lettre recommandée avec avis de réception. Ce dernier aura alors un délai de deux mois à partir du jour de la notification pour faire sa-déclaration.

Si le contribuable ne produit pas de déclaration dans ces délais, il sera taxé d'office. Néanmoins, dès qu'il aura cessé de se trouver dans le cas de force majeure, c'est-à-dire dans l'impossibilité de faire sa réclamation, il pourra user de son droit de recours contre l'Administration et obtenir l'annulation de son imposition. (V. chap. XIII.)

A partir du jour où cette décision lui aura été notifiée, le contribuable aura alors un délai de deux mois pour faire sa déclaration, à moins que les délais normaux fixés ne soient pas expirés.

X

CONTRÔLE DES DÉCLARATIONS

La vérification des déclarations des contribuables est faite par le contrôleur des Contributions directes. La loi du 30 décembre 1917 a précisé ses pouvoirs et les a largement étendus. En effet, sous le régime de la loi primitive, le contrôleur vérifiait les déclarations uniquement à l'aide des éléments certains dont il disposait en vertu de ses fonctions (rôle des contributions, taxes assimilées, etc.) ; il n'avait pas le droit d'exiger du contribuable la production d'aucun acte, livre ou document quelconque ; présentement, l'article 17 nouveau stipule que le contrôleur vérifiera ces déclarations. *Il pourra* demander au contribuable des éclaircissements. *Il a le droit* de rectifier les déclarations ; néanmoins, avant de faire cette rectification et d'établir la matrice du rôle, il devra inviter le contribuable à se faire entendre ou à lui faire parvenir son acquiescement où ses observations avec toutes les justifications à l'appui.

Si le contrôleur constate une insuffisance du revenu, l'Administration pourra, après l'établissement du rôle, réclamer au contribuable le complément.

L'administration aura cinq années pour faire cette réclamation.

PÉNALITÉS

La pénalité prévue par l'article 18 nouveau est une des modifications importantes apportées par la loi du 30 décembre 1916. En effet, d'après l'article 18 de la loi primitive, le contribuable ayant déclaré un revenu insuffisant était tenu simplement d'en verser le complément, c'est-à-dire une somme égale à la partie des droits correspondant au revenu non déclaré.

L'article 18 nouveau prévoit une double pénalité :

1° Si le contribuable n'a pas souscrit de déclaration dans le délai de trois mois prévu (sauf prorogation légale), le montant de l'impôt à payer par ce contribuable sera majoré de 10 % ;

2° Si le contribuable a déclaré un revenu insuffisant, il sera tenu de verser non seulement le complément du montant réel de son revenu imposable et non déclaré, mais encore une somme égale à la partie de ces droits correspondants.

Toutefois, cette dernière pénalité ne sera applicable que si l'insuffisance constatée est supérieure au 1/10° du revenu imposable.

Le législateur a, en effet, voulu laisser au contribuable une certaine marge dans l'appréciation de son revenu. Ce dernier peut se tromper dans son évaluation, mais son erreur devra être légère et ne pas dépasesr le 1/10e du revenu imposable. Le législateur considère dans ce cas que la bonne foi du contribuable doit être présumée.

XII

TAXATION D'OFFICE

La loi primitive a également ici subi une modification importante.

L'article 19 ancien imposait à l'Administration des limites à sa taxation d'office. Il fallait, pour que cette taxation soit valable, que le contribuable ait été invité à être entendu ; enfin, le revenu imposable ne pouvait dépasser, pour les propriétés bâties ou non bâties, une somme égale au revenu net servant de base à la contribution foncière ; pour les bénéfices agricoles, une somme égale à la moitié de la valeur locative des terres exploitées. Pour toute situation assujettie à la patente, une somme égale à trente fois le principal de celle-ci. En cas de désaccord, le contribuable avait un recours contre l'Administration.

L'article 19 modifié édicte, comme règle générale, que tout contribuable qui n'a pas fait de déclaration et qui n'a pas répondu à la demande d'éclaircissement du contrôleur, sera taxé d'office, *sans aucune limitation*. Néanmoins, le contribuable pourra porter sa réclamation devant la juridiction compétente.

XIII

VOIE DE RECOURS

Le contribuable a la faculté de s'adresser par la
voie contentieuse, à la juridiction compétente, en
cas de désaccord avec le contrôleur des Contributions directes et l'Administration.

Deux cas ont été prévus par les articles 17 et 19
nouveaux :

1° Le contribuable pourra s'adresser à la juridiction compétente, après la publication du rôle
seulement, au cas où, après l'avoir entendu et exa-
miné les justifications qu'il aura produites, notamment au sujet des déductions et exonérations
prévues, le contrôleur aura estimé que c'était à
tort qu'il avait fait une déclaration négative, ou
encore une déclaration insuffisante. Le Tribunal
saisi du litige appréciera les motifs invoqués par
l'Administration et par le contribuable ; il fixera
la base d'imposition et la charge de la preuve incombera seulement à l'Administration ;

2° Le contribuable pourra s'adresser au Tribunal pour obtenir la décharge ou la réduction de la
cotisation qui aura été fixée par l'Administration
lorsqu'il aura été taxé d'office ; mais au contraire
du cas précédent, c'est lui qui sera tenu d'apporter
au Tribunal, à l'appui de sa réclamation, toutes

les justifications de nature à faire la preuve du chiffre exact de son revenu. Il supportera la totalité des frais des instances, y compris même ceux d'expertise quand cette mesure aura été ordonnée par le Tribunal. Néanmoins la loi prévoit que les frais de procédure et d'expertise incomberont à l'Etat si le revenu du contribuable, établi par la juridiction compétente, n'est pas supérieur de plus de 10 % au chiffre du revenu produit par lui.

L'article 2 *in fine* du décret du 17 janvier 1917 prévoit un troisième cas où le contribuable pourra réclamer par la voie contentieuse, lorsque le contribuable sera en désaccord avec le directeur des Contributions directes au sujet du cas de force majeure dans lequel il prétend se trouver et qui l'empêche de faire sa déclaration. Le contribuable conserve son droit de réclamation contre l'Administration qui l'aura taxé d'office à l'expiration des délais.

Dès qu'il ne se trouvera ou ne se croira plus dans le cas de force majeure, le contribuable pourra alors porter sa réclamation contre la taxation, par la voie contentieuse, devant la juridiction compétente. C'est à lui qu'incombera la preuve qu'à la date de l'avis de refus des délais supplémentaires et d'avoir à faire sa déclaration, il se trouvait réellement dans le cas de force majeure prévu par la loi. Si sa déclaration est fondée, il obtiendra l'annulation de son imposition.

XIV

SUCCESSIONS

Si, à l'ouverture d'une succession, l'Administration constate une absence injustifiée de déclaration ou de taxation, le Trésor recouvrera les impôts non perçus en les majorant de 10 % en cas d'absence de déclaration et d'une somme égale à la partie du revenu non déclaré ou non taxé en cas de déclaration insuffisante et supérieuré au dixième du revenu imposable.

Exceptions. — En ce qui concerne les successions des contribuables mobilisés et décédés dans les conditions prévues par le décret du 17 janvier 1917 que nous avons étudié au chapitre IX, c'est-à-dire se trouvant dans la zone des armées ou en pays envahi, ou encore dans la zone des opérations militaires, ces derniers sont considérés comme se trouvant dans un cas de force majeure, le contribuable n'aura pas à verser au Trésor, en cas d'absence ou d'insuffisance de déclaration, le montant des pénalités prévues au chapitre XII. Le Trésor ne pourra recouvrer sur ces successions ni la majoration de 10 % des impots non perçus, ni, en sus de la partie du revenu non déclaré ou non taxé, une somme égale à cette dernière, comme cela a été indiqué au chapitre XII.

En effet, le décret du 17 janvier 1917 a accordé à ces contribuables un délai supplémentaire dont il a fixé l'expiration à trois mois après la cessation des hostilités ; on ne pourra donc leur en tenir rigueur, ceux-ci décédés. Le Trésor devra se contenter de récupérer, sans aucune majoration, les impôts non perçus depuis le *1er janvier 1916*, ou depuis leur mobilisation, s'ils ont été mobilisés postérieurement à cette date.

DEUXIÈME PARTIE

De l'Impôt
sur les Exemptés, Réformés
et Autres

AVANT-PROPOS

Cet impôt fait l'objet de l'article 6 de la loi de finances du 30 décembre 1916. C'est un impôt de guerre dans toute l'acception du mot. La loi le dénomme à dessein : *Taxe exceptionnelle de guerre.*

De durée limitée, son existence se terminera le 31 décembre de l'année de la cessation des hostilités.

Le législateur s'est proposé d'atteindre à l'aide de cette taxe les individus qui, bien qu'appartenant à une classe mobilisable, peuvent se livrer à l'exercice de leur travail ou de leur profession, et de les imposer d'une façon exceptionnelle pendant la guerre.

Les différentes modalités de la taxe étant conçues et établies de façon assez simple, nous pourrons les commenter et les étudier brièvement.

I

PERSONNES IMPOSABLES

Beaucoup plus restreint que l'impôt sur le revenu, cette taxe ne vise que le Français appartenant à une classe mobilisable.

Le Français mobilisable, fût-il donc mineur, est passible de l'impôt, s'il rentre dans l'une des cinq catégories que la loi a pris soin d'énumérer limitativement ainsi qu'il suit :

1° Exemptés ;

2° Réformés et Retraités, admis avant le 1er août 1914 et non rappelés à l'activité.

Il s'ensuit que les réformés de la guerre ne paieront pas l'impôt, ainsi que les retraités, depuis le 1er août 1914, qui ne sont pas imposables à la condition qu'ils n'aient pas été rappelés et mobilisés à nouveau depuis cette date ;

3° Auxiliaires, mais seulement ceux qui ont été classés dans le service auxiliaire et qui n'ont pas reçu d'affectation.

Néanmoins la loi affranchit de l'impôt fort justement aussi l'auxiliaire qui, bien que non affecté dans un service, y a été classé à la suite de blessures de guerre ou encore de maladie contractée dans le service pendant la durée des hostilités ;

4° Placés en sursis d'appel, en congé ou hors cadre ;

5° Maintenus dans leurs fonctions ou emplois, en vertu de l'article 42 de la loi du 21 mars 1905, ou ayant reçu l'affectation prévue par l'article 6 de la loi du 17 août 1915, dite « Loi Dalbiez ».

Il est intéressant de remarquer la situation tout à fait spéciale faite aux mineurs appartenant aux classes mobilisables. Le législateur, en taxant tout Français appartenant à une classe mobilisable et rentrant dans les cinq catégories qu'il énumérait, a rendu par ce seul fait imposable un grand nombre de mineurs. En effet, les terribles nécessités de la guerre ont rendu nécessaire l'appel de plusieurs classes de mineurs qui ont été mobilisés. Nous pouvons donc dire que les mineurs appartenant aux classes mobilisables et rentrant dans ces catégories seront assujettis à la taxe.

II

PERSONNES NON IMPOSABLES

Sont comprises, en général, dans cette catégorie, les personnes ne rentrant pas dans la catégorie des personnes imposables. Néanmoins la loi a prévu trois cas spéciaux d'exonération.

Il nous a paru utile de rappeler, tout d'abord, les cas généraux d'exonération que l'on peut déduire de la définition légale donnée des personnes imposables.

Exonérations générales :

1° Les mobilisés ;

2° Les auxiliaires classés et affectés à un service ;

3° Les auxiliaires non affectés mais classés dans un service à la suite de blessure de guerre ou de maladie contractée dans le service pendant la durée des hostilités ;

4° Les étrangers ;

5° Les non-mobilisables de par leur sexe ou leur âge (femmes, vieillards, enfants...)

Exonérations spéciales. — **Sont affranchis de la taxe :**

1° Les indigents ;

2° Les pères de famille ayant quatre enfants mineurs, mais à la double condition qu'ils soient vivants et à leur charge ;

3° Les pères de famille ayant un fils mobilisé dans le service armé, ou bien ayant un fils disparu ou fait prisonnier au cours d'une opération militaire, ou tué à l'ennemi, ou décédé ou encore réformé à la suite de blessures de guerre ou de maladie contractée dans le service pendant la durée des hostilités.

Il ressort de ceci qu'est imposable le père de famille dont le fils, bien que mobilisé, est affecté dans le service auxiliaire ; dont le fils est disparu ou fait prisonnier en dehors d'une opération militaire, alors que, par exemple, n'étant pas mobilisé, il disparaît ou est fait prisonnier, ou meurt en pays envahi.

Au surplus, la loi indique qu'une liste des personnes affranchies de la taxe sera affichée dans chaque mairie.

III

DÉLAIS

La taxe exceptionnelle de guerre a pour point
de départ le 1er janvier 1917 ; elle est due pour
l'année entière ; elle s'éteindra au 31 décembre de
l'année de la cessation des hostilités.

Néanmoins, le contribuable qui cessera d'appartenir à l'une des catégories imposables pourra
demander dans les formes et délais usités en matière de Contributions directes une réduction de la
taxe.

Cette réduction correspondra au nombre de
mois pendant lesquels le contribuable aura cessé
d'appartenir à l'une de ces catégories.

Seulement, les contribuables devront justifier
de leur situation à l'aide d'une pièce que leur délivrera l'autorité militaire et qu'ils annexeront à
leur demande.

IV

COMPOSITION DE LA TAXE

La loi prévoit :

1° Un droit fixe de 12 francs par an ;

2° Un droit proportionnel de 25 % du montant de l'impôt général sur le revenu dû par le contribuable.

Tout contribuable sera donc tenu de payer le premier droit fixe de 12 francs par an, si minime que puisse être le produit de son travail ou de son revenu, si toutefois il n'est pas compris dans les exceptions prévues plus haut.

V

ÉTABLISSEMENT DE LA TAXE ET RECOUVREMENT

Le rôle de la taxe de guerre et son recouvrement se font comme en matière d'impôt général sur le revenu.

Les omissions totales ou partielles peuvent être réparées dans les délais prévus par la loi sur ledit impôt. Il faudra donc s'y reporter en cas de difficulté.

La loi mentionne que c'est par les soins des ministres de la Guerre et de la Marine que seront établies les listes des contribuables soumis à la taxe de guerre.

Les ministres devront également fournir toutes indications relatives au domicile de ces derniers et au temps passé par eux dans chacune des cinq catégories prévues au chapitre premier des personnes imposables. Ces listes seront transmises ensuite au ministre des Finances qui pourra les réviser, s'il y a lieu, et les fera afficher dans chaque mairie.

VI

RÉCLAMATIONS ET VOIES DE RECOURS

La loi ne dit rien à ce sujet ; néanmoins, nous pouvons déduire de ce qui précède que le contribuable imposé à tort ou trop imposé aura deux voies de recours comme sous le régime de l'impôt sur le revenu. La première sera une réclamation faite dans la forme et les délais usités en matière de contribution directe, demande qui sera adressée au contrôleur des Contributions. La seconde voie de recours sera le Tribunal. Le contribuable pourra toujours, par la voie contentieuse, s'adresser à la juridiction compétente, pour se faire rendre justice.

TABLE DES MATIÈRES

PREMIÈRE PARTIE

De l'impôt sur le revenu

DEUXIÈME PARTIE

De l'impôt sur les exemptés, réformés et autres

Paris. Imp. Gambart et Cie, 52, avenue du Maine.

Paris. Imp. Gambart et Cie, 52, avenue du Maine

9 782019 242312